AF385348

LIGUE PERMANENTE
POUR LA DÉFENSE DES INTÉRÊTS DES CONTRIBUABLES & DES CONSOMMATEURS

YVES GUYOT

PARIS OUVERT

Prix : 1 franc

PARIS

C. MARPON ET E. FLAMMARION
ÉDITEURS
26, rue Racine, 26

GUILLAUMIN ET Cⁱᵉ
ÉDITEURS
14, rue de Richelieu, 14

AU SIÈGE DE LA LIGUE, 10, RUE DE LANCRY

PARIS OUVERT

LIGUE PERMANENTE

POUR LA DÉFENSE DES INTÉRÊTS DES CONTRIBUABLES & DES CONSOMMATEURS

YVES GUYOT

PARIS OUVERT

PARIS

C. MARPON ET E. FLAMMARION	GUILLAUMIN ET Cⁱᵉ
ÉDITEURS	ÉDITEURS
26, rue Racine, 26	14, rue de Richelieu, 14

AU SIÈGE DE LA LIGUE, 10, RUE DE LANCRY

PARIS OUVERT

I

La proposition du Conseil municipal

Le 20 novembre 1882, le Conseil municipal de la Seine
fut saisi du projet de délibération ci-dessous :

Le Conseil,

Dans le but d'obtenir la réduction du prix des loyers, l'amélioration des conditions hygiéniques de Paris et des voies de communication entre Paris et les communes suburbaines ;

Délibere :

Une Commission de sept membres sera nommée à l'effet d'obtenir du Gouvernement : — la désaffectation du mur d'enceinte ; — sa cession à la Ville, dans des conditions à déterminer, ainsi que celle des terrains qui en dépendent, appartenant à l'Etat ; — la suppression de la zone militaire.

Signé : Yves Guyot, Desmoulins, de Bouteiller, Rousselle, Darlot, Reygeal, Hattat, Alfred Lamouroux, de Ménorval, Lyon-Alemand, Boué, Marsoulan, Cattiaux, Amouroux, Bourneville, Cochin, le colonel Martin, Fiaux. Maillard, Germer Baillière, Songeon, Gamard, Delhomme, Marius Martin, Manier, Watel. Collin. Guichard, Emile Level, Michelin, Jacques, Cernesson, Forest, le docteur Level. Georges Martin, Mesureur, Voisin, Rouzé. Combes, Murat. Curé, Dubois, Royer, Mathé, Villard, Sigismond Lacroix, Thulié, Grimaud, Hovelacque.

Le 11 juin 1883, cette proposition fut adoptée par 46 voix
contre 10.

Pourquoi donc cette proposition, après avoir reçu un

appui presque unanime dans le Conseil municipal n'a-t-elle
pas encore abouti? A qui la faute? Quelles résistances a-t-
elle rencontrées? Contient-elle quelque vice rédhibitoire
qui doive fatalement la vouer à un avortement? N'était-ce
qu'un de ces pétards, bons à faire retourner un moment les
passants, et qui, évanouis en bruit et en fumée, ne laissent
plus qu'un peu de cendre? Etait-ce une de ces propositions
imprudentes, qui, empreintes d'un esprit particulariste,
sacrifiant la nation à Paris, devait être repoussée sans discussion, par le patriotisme alarmé de tous les ministères
qui se sont succédé en France, depuis l'époque où elle a pris
naissance? Doit-elle être considérée comme un avorton
dépourvu de toute vitalité et déjà enterré?

Telles sont les questions que nous allons examiner.

II

Feriez-vous l'enceinte ?

Abordons de suite la question de la sécurité nationale :
car, il est bien évident que si, de ce côté, se présentait un
veto absolu, un *non possumus*, à tort ou à raison inflexible,
il n'y aurait plus qu'à renoncer à ce projet jusqu'à l'époque
plus espérée qu'attendue, hélas! où la guerre sera allée
rejoindre dans l'histoire le sacrifice humain, l'esclavage,
l'inquisition et autres horribles cauchemars.

Aussi, avant de présenter cette proposition au Conseil
municipal, j'avais eu soin de m'enquérir de cette question. J'avais eu soin même de joindre à l'exposé des
motifs une étude stratégique, signée P. Boussard.
Dans l'enquête personnelle à laquelle je me livrai,
parmi les hommes du métier que j'interrogeai et dont je
ne peux publier les noms, pour un motif que tout le monde
comprendra, je trouvai deux opinions; l'une très ardente,
se basant sur de nombreux arguments réclamait, au nom

de la sécurité nationale, la démolition de l'enceinte continue ; l'autre en réclamait le maintien, mais, sans invoquer
en sa faveur d'autre raison que l'éternel argument conser-
vateur qui s'est dressé devant tous les progrès humains :
— Cela existe. Pourquoi changer ?

Mais si aux partisans de cette dernière opinion, je retour-
nais la question et présentais l'hypothèse suivante : — Supposons que l'enceinte n'est pas construite, qu'elle soit à faire.
Il s'agit de fortifier Paris. La demanderez-vous ? réclamerez-
vous les 80 ou 100 millions qu'elle a coûtés pour les consa-
crer à cet usage (1) : ne trouveriez-vous pas qu'au point de
vue de la défense, le ministère de la guerre aurait un meil-
leur parti à tirer de cet argent ?

Tous hochaient la tête et répondaient : — Sansdoute !

Sans doute ! eh bien ! l'hypothèse est réalisée. Demain,
il n'y a plus d'enceinte ; elle est supprimée ; elle disparaît ;
mais, en échange, pour les employer à tel travail que vous
jugerez vous-même plus utile, vous avez, au minimum, les
dizaines de millions représentant la valeur de l'enceinte, et,
sur cette opération, le ministère de la guerre peut encore en
greffer quelques autres utiles à la sécurité nationale, à la
bonne installation des services militaires, au bien-être et à
l'hygiène des troupes dans Paris.

III

Psychologie des fortifications de Paris

Mais alors la question se retourne et on me demande :
— « Quels sont les motifs des auteurs de l'enceinte continue
de Paris ? Que les conditions de la guerre aient changé depuis 1840, soit ; mais ces motifs ne sont-ils pas encore assez
puissants pour dominer et protéger leur œuvre ? »

---

(1) On n'en connaît pas la dépense exacte.

Nous allons donc examiner si la genèse de l'enceinte continue a un caractère tellement sacré qu'y toucher serait commettre un sacrilège.

Hélas ! il faut bien que nous nous le rappelions. Trois fois dans ce siècle l'étranger est entré à Paris.

Les deux premières fois, Paris n'était pas fortifié : on supposa que s'il avait eu des forts, des murs, des remparts, il n'eût pas subi ce sort.

Mais, en 1870, on a vu que ce n'étaient ni les forts, ni les murs, ni les remparts qui sauvaient les capitales des peuples, quand ces peuples se sont abandonnés à la servitude, et, en échange, ont récolté la corruption, l'imprévoyance, les préoccupations dynastiques placées au-dessus des préoccupations patriotiques, et jusqu'à la trahison.

La Restauration elle-même, pleine d'ingratitude envers les alliés, songea à mettre Paris en état de défense. Toutefois la Commission de défense de 1818 ne pensa pas à l'enceinte continue. Elle proposait seulement de couvrir Paris par des ouvrages construits sur quelques points dominants. C'est dans cet ordre d'idées que les études continuèrent.

En 1825, le Comité des fortifications ne se prononce pas sur le système des fortifications à adopter ; en 1830, il demande tout simplement une rectification du mur d'octroi et l'étude de la construction de dix à onze forts ; en 1832, il exprime l'avis que le système des forts détachés doit être préféré à celui de l'enceinte continue. En 1833, le gouvernement demande des fonds nécessaires pour couvrir Paris par des ouvrages construits en avant, sur les points les plus favorables à la défense : la seconde Commision de défense (1836-1840) propose que Paris soit simplement entouré d'une enceinte d'octroi rectifiée et renforcée sur certains points, et couvert par des ouvrages détachés sur les points favorables.

La Commission avait remis son rapport au roi le 16 mai 1840. Elle était dissoute quand intervint la résolution du Conseil des ministres du 18 septembre, sans que le Comité des fortifications fût consulté. Le maréchal Soult, président du cabinet du 29 octobre qui trouva la question engagée, disait : « Quant aux rapports ou avis qui ont pu être faits ou émis entre la remise du rapport de la seconde Commission de défense, le 16 mai 1840, et la résolution du 10 septembre suivant, il n'en existe point ayant un caractère officiel. Des officiers ont été appelés au sein du Conseil et après qu'ils ont été entendus ou qu'ils ont eu remis des notes, ordre a été donné de libeller la résolution. » Cette résolution avait été immédiatement suivie d'exécution, grâce à l'entêtement actif et énergique de M. Thiers.

Mon ancien collègue, M. Denys Cochin, qui, quoique appartenant à un autre parti politique que le mien, s'est associé à cette proposition a, dans une intéressante étude sur ce sujet, analysé très finement les causes psychologiques de la passion de M. Thiers pour le système de fortifications de Paris tel qu'il fut exécuté, plutôt qu'adopté.

« Cela, dit-il, faisait partie du patriotisme de M. Thiers et du culte qu'il avait voué à Napoléon. Qui de nous, après avoir lu les vingt volumes du *Consulat et de l'Empire*, la mémoire pleine de batailles, de marches, de sièges, de coalition, l'esprit fatigué de gloire et d'héroïsme, qui de nous n'a gardé un souvenir net et vivant de la scène qui eut lieu la nuit du 30 mars 1814, à quatre lieues de Paris, sur la côte de Fromenteau ? Napoléon, sans autre escorte que Berthier et Caulaincourt, ayant laissé en Champagne son armée victorieuse pour courir à Paris et y devancer les alliés, a voulu prendre un instant de repos, après avoir chevauché tout le jour, à bride abattue. Il est assis sur la margelle d'une fontaine élevée en ce lieu par Louis XV. On entend le pas d'une troupe de cavalerie. « Qui vient là ? — Général Belliard, colonel Curial. » Et l'Empereur apprend de ces deux officiers que Paris a capitulé. Les maréchaux Marmont, Mortier, Moncey ont défendu héroïquement Montmartre et les buttes Chaumont, mais ils ne pouvaient rien dans une ville ouverte. Le ministre Clarke et le roi Joseph — qu'on n'a pas vus le jour de la bataille — n'avaient rien fait depuis un mois, malgré les ordres répétés de l'Empereur, pour préparer la défense.

— Mon frère, dit alors Napoléon, m'a déjà fait perdre l'Espagne, il me fait perdre aussi la France... Et cependant si j'avais là, sous la main, mon armée, qui est à trois jours de marche, tout serait sauvé. »

« Trois jours, et il aurait écrasé les alliés sous Paris ! Il l'affirmait, et l'histoire, en matière de guerre, n'a pas le droit de douter de sa parole. Peut-être il eût été sauvé du désastre de l'invasion ; peut-être les alliés, épuisés par la campagne de France, allaient rencontrer une catastrophe, au milieu de leur victoire ; peut-être enfin, Napoléon, terrassant d'un seul coup, au sein de son pays envahi, les armées de l'Europe coalisée, aurait atteint la gloire suprême de chasser l'étranger, et la rare bonne fortune d'échapper au châtiment de ses fautes ! Trois jours, et l'œuvre grandiose et téméraire de quinze années, élevée en dépit de tant de luttes, au prix de tant de sang, pouvait être sauvée de la ruine !

« C'est ce mot de l'Empereur qui a fait sortir de terre les fortifications : les jours de grâce que le sort avait refusés, M. Thiers voulut les assurer à un nouveau Napoléon, poursuivi jusqu'à Paris par un nouvel Alexandre. Aucun plan ne lui parut entraîner trop de dépense et aucun effort ne lui coûta. Rapporteur de la loi, en 1841, il donna la main, pour la circonstance, à M. Guizot ; il sut entraîner le maréchal Soult, et montra dans la défense du projet du gouvernement beaucoup plus d'ardeur que le gouvernement lui-même » (1).

Le maréchal Soult n'avait cependant pas le moindre enthousiasme pour le projet qui lui avait été légué par M. Thiers. En 1833, il avait déclaré que « l'enceinte continue imposerait des servitudes et beaucoup de gêne sans aucun avantage pour la défense ».

En 1840, il n'avait pas changé d'opinion et il ne cessa de faire de formelles réserves relativement à l'enceinte continue. Dans la séance du 22 janvier 1840, à la Chambre des députés, il déclara que « la défense de Paris devait être tout extérieure et qu'elle serait plus ou moins efficace, selon qu'elle s'en éloignerait ». Comme président du Conseil, il répétait : « Ce n'est pas que j'aie abandonné l'opinion que j'ai été appelé à émettre sur la question de fortifier Paris en 1831, en 1832, en 1833 ; je dois à la Chambre, je me dois à moi-même de déclarer que je fais expressément la réserve de cette opinion antérieure, que ni le temps ni les circonstances n'ont affaiblie. » Il ne soutenait le projet que pour des « nécessités politiques ». Pressé d'expliquer ce terme

______

(1) Denys Cochin. — Paris, *Quatre années au Conseil municipal.* p. 260-262.

par la Commission de la Chambre des pairs, il disait qu'il entendait par là, que « lorsque le ministère du 29 octobre avait été formé, la résolution du 10 septembre avait déjà statué sur le plan des fortifications de Paris ; que l'exécution en était commencée ; que les travaux étaient entrepris sur plusieurs points de l'enceinte continue comme de la ligne des ouvrages extérieurs ; que des dépenses étaient déjà faites, et que des contrats avaient été passés avec plusieurs entrepreneurs de terrassement ou de maçonnerie ; que, dans cette situation de choses, le Gouvernement était trop avancé pour qu'il eût la liberté de choisir, et que les nouveaux ministres avaient dû accepter l'héritage de leurs prédécesseurs ». Dans l'exposé des motifs du projet soumis à la Cham're des pairs, le maréchal Soult s'était tiré d'embarras par une comparaison pittoresque : « Comme militaire, je ne crois pas l'enceinte continue nécessaire à la défense de Paris »; mais il l'acceptait, « se trouvant dans la situation de celui à qui, dans un mariage, on offrirait de doubler la dot ».

IV

L'enceinte militaire et l'enceinte parlementaire

La discussion des fortifications est instructive, au point de vue de la philosophie de l'histoire. Elle est de nature à rendre modestes les hommes politiques, à les mettre en méfiance contre eux-mêmes, et à mettre le public en méfiance contre ses propres impulsions.

La question extérieure, la préoccupation de la défense fut reléguée au second plan, et ce second plan était très loin du premier.

La question qui dominait toutes les attitudes, tous les discours, tous les votes, était une question dynastique.

Le gouvernement voulait les forts détachés, croyant que grâce à eux. Louis-Philippe ne serait pas exposé à quitter

Paris, comme Charles X à la suite d'un mouvement populaire.

La gauche républicaine, même la gauche dynastique qui professait à l'égard de la monarchie la théorie Whig, n'acceptait les forts qu'à la condition de leur opposer l'enceinte continue.

Arago ne voulait que l'enceinte continue et montrait la Chambre des députés écrasée par les feux croisés des forts. Il voulait les éloigner. « Et même à 4,000 mètres, je ne suis pas sûr que M. Arago soit rassuré. — Non, répondait M. Arago, je ne suis pas rassuré. » Les bastions de l'enceinte étaient, au contraire, ouverts du côté de Paris. « Ils sont dominés par les maisons », disait M. Odilon Barrot. M. Thiers jurait qu'on ne se servirait jamais des forts pour réprimer une insurrection. « A Lyon, on avait des forts tout armés ; s'en est-on servi ? » On arriva à une conciliation, au point de vue parlementaire. M. Thiers eut ses forts et la gauche son enceinte. « Ce projet, dit le maréchal Soult, répond à toutes les susceptibilités. » Les forts étaient les Bastilles de la dynastie : l'enceinte la citadelle de la Révolution. Un député, M. Golbery, résumait ainsi le débat : « Je ne veux pas accuser l'illustre président du conseil le maréchal Soult de s'être démenti. A Dieu ne plaise ! j'ai beaucoup trop de respect pour lui : cependant, je dois croire qu'il s'est beaucoup trop déclaré l'héritier d'une combinaison parlementaire... Il y a, dans cette Chambre, beaucoup de membres de la législature de 1831 ; ils ont dit, ils ont répété, ils ont imprimé que les forts détachés étaient pour la liberté un grand danger. Il leur était impossible de voter en 1841 ce qu'autrefois ils avaient proscrit... On s'est réuni sur le terrain de l'enceinte continue : ce fut un terrain de transaction ; cela coûtait 75 millions de plus ; mais en supposant que cela donne le même nombre de voix, cela fait un million par boule blanche. »

Le projet de l'enceinte continue fut dressé par M. Chabaud-Latour, sur les ordres du duc d'Orléans et de M. Thiers en dehors de la Commission (1). Il fut établi, comme moyen décisif, d'enlever les forts devant la Chambre.

---

(1) Denys Cochin. *Loc. cit.*, p. 306.

La Chambre se composait de 459 députés : 160 votèrent contre les fortifications, dont 12 à 15 légitimistes et 7 à 8 membres de l'extrême gauche. Les autres étaient des conservateurs, que n'avait pu rassurer la transaction établie entre les forts et l'enceinte continue.

La Commission de la Chambre des Pairs fut loin d'être unanime pour approuver le projet. Mounier, quoique nommé rapporteur, en était adversaire. Dans son rapport même, il fit les plus formelles réserves, déclarant qu'il vaudrait beaucoup mieux employer, à des ouvrages sur la frontière, les sommes consacrées à la construction de ce mur d'enceinte. « Le projet de fortifier Paris, disait-il, est nuisible à la grande cité; il est nuisible à l'État. Envisagé au point de vue militaire, il laisse exposée à l'invasion une partie considérable de la France, qu'il vaudrait mieux couvrir par l'établissement de forteresses qui arrêteraient la marche de l'ennemi et mettraient, par conséquent, la capitale à l'abri de ses attaques. »

Nous arrêtons là ces citations que nous pourrions multiplier. Elles prouvent qu'au point de vue technique, le mur d'enceinte n'a jamais été réclamé par la Commission de défense, ni par le Comité des fortifications, qui, cependant, auraient dû être portés, l'un et l'autre, à demander même le superflu.

L'enceinte militaire est le produit de l'enceinte parlementaire.

Les dynastiques voulaient les forts parce qu'ils s'imaginaient que la route de l'exil ne s'était ouverte pour Napoléon et pour Charles X, que parce qu'elle n'était pas fermée par des forts détachés : les forts détachés n'ont point empêché Louis-Philippe et Napoléon III d'y être entraînés à leur tour.

M. Thiers jurait que les forts ne serviraient jamais contre Paris, et c'était lui-même qui devait un jour se servir du Mont-Valérien pour bombarder Paris et faire la brèche dans le mur d'enceinte continue.

Les prévisions sur le rôle politique des deux systèmes de fortifications ont été démenties par l'ironie de l'Histoire. Si Arago eût encore vécu en 1871, nul doute qu'il n'eût trouvé le Mont-Valérien utile et le mur d'enceinte nuisible.

V

Vates

Au point de vue militaire, un homme, plus que tous les autres, vit juste : ce ne fut pas M. Thiers, malgré ses prétentions à être plus homme de guerre que tous les généraux de la Révolution et de l'Empire réunis, Napoléon compris ; ce ne fut pas le maréchal Soult, quoiqu'il eût pris part au fameux siège de Gênes et à un certain nombre d'autres faits de guerre : ce fut Lamartine.

Il rappelait l'opinion de Bernadotte disant au Directoire : « Si Paris était fortifié et que je fusse chargé de le couvrir, je me hâterais de m'en éloigner. » Quant à l'opinion de Napoléon, il rappelait cette phrase du *Mémorial de Sainte-Hélène* (1). « On a dit que j'avais conseillé de fortifier Paris ; je n'ai jamais eu la pensée de fortifier Paris, et si on me l'avait proposé, je l'aurais refusé. » Napoléon, ajoutait Lamartine, a vu deux fois l'Europe marcher sur lui ; « il n'a pas enfermé la France dans les bastions de Paris ; il l'a conduite au-devant de l'ennemi, qu'il a coupé en tronçons par des manœuvres décisives ; il n'a péri que parce que la France lui a manqué et non pas Paris. » Il rappelait que Napoléon disait du général Portugais après Vimeiro : « On ne prend pas les capitales dans les capitales. On prend les capitales à cent lieues d'elles, sur des champs de bataille. Le général Portugais a perdu la campagne pour avoir voulu fortifier Lisbonne et y avoir laissé des troupes qui lui auraient servi à sauver le Portugal. »

Et, dans une grande évocation historique, Lamartine montra Rome, déplaçant sa base d'opérations, qui était l'univers romain, l'Euphrate, le Danube, la Scythie, se reposant sur elle-même, et, en un siècle, périssant deux fois

---

(1) Tome VI, page 27.

et devenant son propre tombeau ; la Constantinople du Bas-Empire s'enfermant entre les Dardanelles, la mer Noire et la mer de Marmara dans ses magnifiques murailles, élevant une nouvelle enceinte chaque fois que la pression des peuplades barbares pesait plus lourdement sur elle, et devenant la conquête des Ottomans le jour où ses fortifications l'avaient rendue inexpugnable ; la Chine, malgré sa muraille, conquise par six millions de Tartares ; l'Empire du Mogol, s'engloutissant d'un seul coup sous les ruines de Delhi.

Revenant à la France, il osa prévoir un de ces grands échecs qui démoralisent une armée. « L'ennemi lancera 300,000 hommes sur Paris fortifié. Il n'approchera pas même à portée de vos canons ; il occupera, dans des positions fortes, vos routes, vos fleuves, vos greniers, vos abords, et chargera la famine de réduire Paris (1). »

Virgile et Tacite donnaient le même nom au poète et au prophète : *Vates*.

VI

L'enceinte continue en 1870

J'ai cependant entendu dire plusieurs fois :

— L'enceinte continue a rendu des services en 1870.

— C'est le contraire, ai-je répondu.

— Comment le contraire ! elle a empêché les Prussiens d'entrer à Paris le jour de Châtillon.

— Vraiment ? Alors ils sont venus jusqu'à la porte de Vaugirard, et la porte s'est fermée devant eux, et ce sont les canons de l'enceinte qui les ont repoussés ? Non, à la porte de Vaugirard, il n'y avait que des fuyards et une foule animée d'une curiosité qui n'était même pas anxieuse. Elle savait qu'il y avait devant elle des forts qui la protégeaient,

---

(1) Lamartine, 7 mai 1845.

et que jamais une armée ne risquerait de passer entre les forts. Ce que l'instinct populaire sentait, l'Histoire le confirme. Quelques années après, le général Chareton rappelait à l'Assemblée un exemple pris dans l'histoire du siège de Gênes. Le fort Richelieu, situé à 10 kilomètres de l'enceinte et à plus de 11 kilomètres du fort du Diamant fut tourné par les Autrichiens qui voulurent forcer cette large trouée. L'opération leur réussit d'abord; mais ils furent obligés d'évacuer le même jour les positions qu'ils avaient occupées après avoir perdu 4,000 hommes et laissé 1,000 prisonniers aux mains de Masséna.

Non. L'enceinte continue n'a pas sauvé Paris. Elle a contribué à sa capitulation.

Elle avait le défaut d'entretenir la population, et non seulement la population, mais le gouvernement. mais la défense, mais le général Trochu dans une fausse sécurité. On envoyait les gardes nationaux monter la garde sur les remparts, avec des mots d'ordre, des rondes, tous les simulacres de la guerre : on leur apprenait à jouer au soldat. Rien de plus. Ils sentaient bien qu'ils faisaient là une besogne inutile, une parodie de défense et non une défense sérieuse. Pendant les longues heures d'inaction, occupés à des riens, ils prenaient de mauvaises habitudes. Ils tuaient le temps chez le marchand de vins ou en jouant au bouchon. Les plus ardents commentaient les événements, les actes du gouvernement, et las de leur inutilité, se demandaient si la meilleure manière de repousser les Prussiens n'était pas de commencer par faire un peu de guerre civile dans Paris. L'enceinte continue a sa part de responsabilité dans le 31 octobre, dans la Commune, et, il faut tout dire, dans la mollesse de la défense.

Qu'il n'y eût pas d'enceinte continue, les gardes nationaux eussent été portés en avant. De passive la défense fût devenue active. Au lieu de jouer au bouchon, ils eussent été employés à remuer de la terre, à élever des ouvrages menaçants pour les Prussiens. Le commandant en chef eût été obligé d'agir comme Tottleben au lieu de s'enfermer dans sa résignation. S'il n'avait pu forcer les lignes prussiennes, du moins en rendant la défense agressive, en la portant loin du centre de Paris, en inquiétant l'ennemi, il eût retenu ses forces sous Paris et l'eût empêché d'aller écraser tout à l'aise nos armées de province. L'enceinte n'était qu'un obstacle aux mouvements militaires. N'ayant que peu de portes, elle empêchait, retardait tout mouvement du centre à la circonférence, et elle donnait le temps aux Prussiens de se concentrer sur le point menacé.

Dans cette grande cuve de pierre la défense mijotait tout doucement et, un jour, nous nous sommes réveillés, cuits à point, et servis aux Prussiens.

Pendant l'année terrible, l'enceinte continue n'a servi qu'à la Commune : elle l'a préparée, elle l'a défendue.

Ce n'est pas ce rôle qui prouvera son utilité au point de vue de la sécurité nationale.

VII

Depuis la guerre

Quand après la guerre, on étudia les moyens de défendre Paris contre une nouvelle invasion, fut-il un seul moment question de fortifier l'enceinte continue? Son auteur, le général Chabaud-Latour, en dit-il un mot? Il fut, au contraire, le défenseur le plus acharné du système étendu, contre M. Thiers, qui était partisan du système restreint.

Au lieu de concentrer la défense, autour de Paris, il voulut la reporter au loin, en dominant toutes les hauteurs occupées par l'armée prussienne en 1870, pour empêcher Paris d'être en proie à deux dangers, le bombardement et la famine. Le général Chareton appuyait le système étendu en montrant qu'il était nécessaire que l'armée fût séparée de la population, qu'elle pût manœuvrer dans un large espace, pour s'avancer au-devant des armées de secours et couvrir le ravitaillement. Mais l'ennemi ne pouvait-il pénétrer dans l'intervalle des forts? Le général Chareton répondait : « Il est certain que des détachements isolés, des coureurs pourront toujours pénétrer dans ces intervalles; et il en sera de même, quel que soit le système que vous adoptiez.

Cela est une affaire de patrouilles. Mais s'il s'agit d'une grande force militaire, pour faire le siège des forts, en opérer l'investissement et les séparer de la capitale, nous maintenons qu'une pareille opération est impossible. »

Ce fut le système étendu qui fut adopté par 386 voix contre 184, le 27 mars 1874, par l'Assemblée nationale.

Dans ce système, que devient l'enceinte continue? à quoi sert-elle? quel rôle joue-t-elle?

Aucun.

— Cependant, a-t-on dit, dans le Conseil de défense, elle peut jouer le rôle de réduit.

Alors on suppose qu'un jour l'armée, sous les murs de Paris, pourra être réduite à des extrémités qu'elle n'a pas subies en 1870 ; qu'elle aura abandonné tous les forts anciens et nouveaux, non seulement toutes ses positions: mais hélas! si, par malheur, ce jour devait jamais arriver, ce ne serait pas l'enceinte qui pourrait sauver l'armée et Paris. Il faudrait employer le même système qu'à Saragosse.

Mais depuis que ces objections ont été produites, de nouveaux engins de guerre ont été inventés. Une fois de plus, on a acquis la preuve que, sur terre comme sur mer, les moyens offensifs se perfectionnent plus vite que les moyens de défense. On essaye, en ce moment, de nouveaux projectiles qui produisent de tels ravages, labourent les ouvrages militaires, en pierre et en terre, de telles excavations, qu'aucun fort ne peut y résister. Mais si un fort ne peut y résister, l'enceinte continue leur présentera-t-elle donc un obstacle plus solide ?

Si ces projectiles réalisent les épouvantables promesses qu'ils ont faites à leur début, ils prouveront une fois de plus, que c'est une grave erreur de faire reposer le salut d'une nation sur des forteresses, des murs, des engins passifs.

Il est bon d'insister sur ce point parce que l'opinion publique a une trop grande tendance à mesurer la force d'un pays d'après ses fortifications. On a eu le tort d'y obéir après la guerre de 1870. On s'est livré à une débauche de forts. Non seulement, ils ont grevé le budget extraordinaire de sommes considérables, mais ils pèsent du plus lourd poids sur le budget ordinaire. Ils exigent un matériel, des approvisionnements qu'il faut sans cesse renouveler. Ils enlèvent aussi à l'armée active une force considérable. En cas de guerre, si un échec se produit, ce sont autant de refuges. Mais ces refuges sont des pièges. Les soldats vont s'y terrer, les lions sont transformés en lapins. Toute armée qui s'enferme est perdue pour la victoire.

Nous le savons bien par Metz et Paris. Remontez plus haut et voyez Wurmser à Mantoue, Mack à Ulm. Après Iéna est-ce que les Prussiens ne furent pas ramassés en masse dans toutes les places où ils s'étaient réfugiés ? Le général Crouzat fait remarquer que s'il y avait eu des fortifications, un camp retranché à Vendôme, le général Chanzy s'y serait probablement réfugié et que l'ennemi aurait pu, après l'y avoir bloqué avec quelques milliers d'hommes parcourir librement tout l'ouest de la France.

Une armée qui s'enferme peut, pendant un temps plus ou moins long, immobiliser les troupes ennemies, mais elle est vouée un jour ou l'autre à la capitulation. « Ainsi, dit le général allemand von Hanneken, toute la valeur de Metz consistait à échanger la probabilité de fixer devant ses murs une armée de 200,000 hommes pendant un temps plus ou moins long, contre la certitude de perdre finalement 150,000 hommes. Ces 200,000 assiégeants, une fois la place prise, redevenaient libres pour d'autres opérations, tandis que les 150,000 assiégés étaient sûrs de ne pouvoir plus y prendre part ; leur existence comme armée allait être anéantie immanquablement au bout d'un temps donné. »

Mais une armée peut-elle franchir les lignes ? Nous ne nous permettrons pas de trancher une question contestée par les hommes du métier ; mais il faut avouer que, jusqu'à présent, les faits ont donné raison aux partisans de la négative et qu'elle a pour elle une démonstration géométrique d'une évidence frappante. L'assiégé qui veut faire une sortie ou tenter de percer la ligne d'investissement établie par l'assiégeant, se trouve dans la situation suivante : par suite même de la forme circulaire ou concave de la ligne d'investissement, l'assiégé qui débouche de sa place est constamment en butte à des feux convergents ou d'enfilade, tandis que lui-même ne peut se déployer qu'en formation convexe.

On voit donc que les ressources employées par la France à sa sécurité ne doivent pas être immobilisées dans des murs. Cette manie de fortifications est une manie de

Bas-Empire. On compte sur les pierres au lieu de compter sur les hommes, et ce sont les hommes qui remportent les victoires !

Mais nous nous éloignons de notre sujet : car il ne s'agit pas, pour nous, de supprimer les fortifications de Paris, il s'agit uniquement de l'enceinte continue ; mais si ces arguments portent au-delà de l'enceinte continue, à *fortiori* n'en démontrent-ils pas l'inutilité, d'autant plus qu'au point de vue technique, elle passe pour imparfaite, manquant des organes les plus élémentaires de toute fortification régulière. En dépit de la zone de servitude militaire, n'est-elle pas masquée partout par des maisons, des villas, des arbres ? Si l'ennemi venait jamais à les occuper, à quoi servirait-elle, étant données les armes actuelles ?

Le génie a démantelé les fortifications de Lyon, de Calais, de Lille, etc., pourquoi donc s'opposerait-il à une pareille opération pour Paris ? Les Allemands, de leur côté, ont détruit le mur d'enceinte de Thionville, de Strasbourg et de Cologne.

Je ne veux pas invoquer l'exemple de Vienne, de Berlin, de Madrid, capitales qui ont vu aussi, elles, des vainqueurs fouler leur sol et qui, cependant, n'ont pas été fortifiées : je ne veux pas invoquer l'exemple de Bruxelles, je ne crois pas que, dans une prochaine guerre, si jamais l'ennemi devait encore pénétrer sur notre territoire, la guerre dût se concentrer autour de Paris ; mais je ne suis qu'un profane et je connais trop le ridicule des gens qui font de la stratégie en chambre pour être tenté de les imiter.

VIII

Point de vue économique

Au point de vue économique, voici les considérations qui rendent impérieusement nécessaire la suppression du mur d'enceinte.

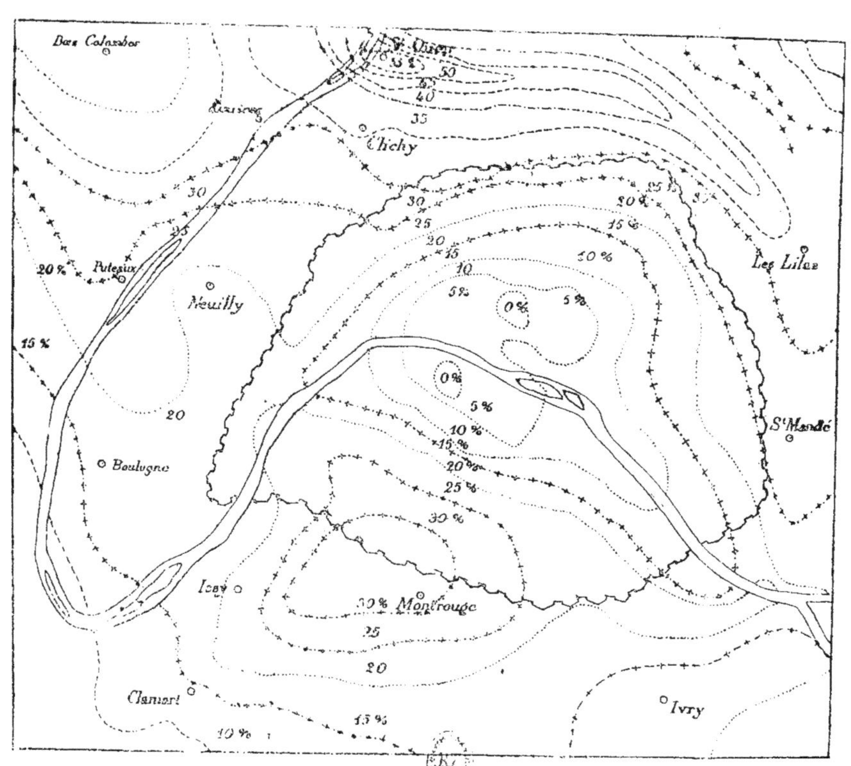

MOUVEMENT DE LA POPULATION DE PARIS DU CENTRE A LA PÉRIPHÉRIE

D'après le dénombrement de 1881

Le mur d'enceinte comprend 67 bastions sur la rive droite et 27 sur la rive gauche. Il a une circonférence de 33,165 mètres sur une largeur de 142 mètres, ce qui donne une superficie de 4,709,430 mètres.

Il faut y ajouter une zone de servitude militaire, qui est de plus de 250 mètres de rayon, car elle est mesurée sur les capitales des bastions et à partir de la crête des glacis, de sorte que le rayon à partir de la courtine est plus étendu. Dans cet espace, d'après les lois de 1791, 1819 et l'ordonnance de 1821, non seulement toutes constructions sont interdites, mais même toutes clôtures ayant un caractère de permanence. Il est défendu d'y planter une haie. Cette zone doit avoir 8,291,000 mètres de superficie.

L'espace stérilisé par l'enceinte continue serait donc de 13,500,000 mètres.

D'après le rapport de M. Thiers, le mur d'enceinte occupe 496 hectares. Les établissements militaires couvrent une surface de 15 hectares 97 ares. C'est donc plus de 500 hectares qui appartiennent à l'Etat.

Toutefois, d'après un travail fait par la Direction des travaux de la ville, la surface occupée par les terrains militaires ne serait que de 427 hectares et la surface de la zone militaire de 789 hectares; même en prenant ces chiffres qui sont un *minimum*, en contradiction avec le rapport de M. Thiers et avec les comptes des fortifications, cela donne 1,216 hectares.

Or, la superficie totale de Paris est de 7,802 hectares ; la superficie du terrain bâti ou à bâtir est de 6,289 hectares ; d'après un calcul fait par le ministère des finances, et qui se trouve dans le rapport de M. Villard sur la question des loyers, la superficie livrée aux particuliers pour la construction ne serait que de 4,728 hectares ; d'après un tableau qui m'a été communiqué par le plan de Paris, le 13 mars 1886, les terrains libres susceptibles de recevoir des logements à bon marché, ne représentent plus à Paris que 291 hectares.

Le résultat utile, produit par cette opération, serait encore plus considérable que ne l'indiquent les chiffres que nous avons donnés. Les communes qui entourent Paris sont isolées par le rayon de 400 mètres qu'occupent les fortifications et la zone militaire. Leur suppression rapprocherait ces communes de Paris et ne ferait plus considérer leur résidence comme en dehors de la ville.

Les habitants, par pétitions, et les conseils municipaux des communes suburbaines, par délibérations, entre autres ceux de Boulogne, Neuilly, Levallois, Saint-Ouen, Montrouge, Ivry, Malakoff, se sont associés à la délibération du conseil municipal de Paris et ont fait des vœux à plusieurs reprises pour la suppression du mur d'enceinte.

La suppression du mur d'enceinte donnerait à leurs terrains et à leurs maisons une plus-value considérable, d'abord pour ce motif, ensuite parce que la construction placée dans le rayon de tir des bastions subit toujours une dépréciation. Mounier, dans son rapport à la Chambre des Pairs, estimait qu'elle devait s'étendre à 4,000 mètres pour les fortifications de Paris.

De plus, l'isolement s'étend à l'intérieur. On hésite à aller se loger sur la voie militaire. Des magasins ne viennent pas s'installer en face de la gorge des bastions.

Nous pouvons espérer que cette opération pourra hâter la solution de la question de l'octroi ; mais nous ne voulons pas mêler les deux questions. Pour en assurer la perception, il suffira d'établir un saut de loup analogue à celui qui va de la porte d'Auteuil jusqu'à la porte de Neuilly, sur un espace de huit kilomètres.

D'après la carte dressée par M. Durand-Claye sur les résultats du recensement de 1881, on peut constater qu'au centre des Iᵉʳ et VIIᵉ arrondissements la population est restée stationnaire ; dans la zone centrale qui comprend les Iᵉʳ, IIᵉ, IIIᵉ, VIᵉ et VIIᵉ arrondissements, l'augmentation de la population a été au-dessous de 5 0/0. Dans le IVᵉ arrondissement, dans la partie du Vᵉ la plus rapprochée du centre, dans les VIIIᵉ, IXᵉ, Xᵉ arrondissements, la population a augmenté de 5 à 10 0/0.

Les arrondissements extérieurs sont pour la plupart divisés en trois zones : dans la zone centrale, l'augmentation a été de 15 à 20 0/0 ; dans la zone la plus rapprochée des fortifications, l'augmentation s'est élevée pour certains d'entre eux jusqu'à 30 0/0. Le mouvement de la population se porte à la périphérie, preuve qu'elle ne trouve plus de place dans le centre. Elle va peser d'un mouvement continu sur le mur d'enceinte. Elle étouffe dans cet espace fermé par cette barrière rigide. Il faut lui donner de l'espace.

Ce mouvement périphérique se produit dans tous les grands centres. Tandis que la population de Londres a presque doublé depuis trente ans, la population de la Cité ne cesse de diminuer :

1801........	16,508 maisons.	128,833 habitants	
1861........	13,298	—	112,063	—
1871........	7,000	—	74,732	—
1881........	6,493	—	50,426	—

Ces recensements sont ceux de la nuit. Le recensement fait dans le jour donne les résultats suivants :

25,143 maisons............. 261,061 habitants

Cette différence vient de ce que les maisons, bureaux, magasins et entrepôts, déserts pendant la nuit, placés sous la seule protection de la police, ne sont pas comptés dans le cens de la nuit.

Au fur et à mesure que le nombre des habitants diminue, le nombre des *freemen*, des membres de la corporation de la Cité, qui y prennent leur domicile électoral augmente. Nous n'avions pas besoin, du reste, de cette preuve pour savoir que cette diminution d'habitants était un témoignage, non de décadence, mais de changement d'habitude. Doit-elle inquiéter les propriétaires du centre de Paris ? Pas le moins du monde. Le métropolitain de Londres n'a pas fait diminuer la valeur des terrains de la Cité. C'est le coin du globe où ils atteignent le plus haut prix.

Plus les moyens de transport deviennent faciles, plus les centres des villes deviennent des centres d'affaires, des bureaux, des magasins ; les maisons d'habitation s'en éloignent. Il y a là un double profit: bon marché des logements, d'un coté : hygiène, de l'autre. Les discussions de l'Académie de médecine, en 1882, ont prouvé que les maladies infectieuses, loin de diminuer à Paris, avaient une tendance à augmenter. Parmi les mesures les plus importantes à prendre pour combattre cette progression, se trouve la mise à la disposition de la population de nouveaux terrains où elle puisse s'étendre.

IX

Le Gouvernement et le Conseil municipal

La question de la défense de Paris appartient au ministère de la guerre. C'est lui qui a la responsabilité de la sécurité nationale. C'est pourquoi la désaffectation de l'enceinte continue ne peut venir que de son initiative.

S'il ne prend pas cette mesure sous le couvert de sa responsabilité, toute les propositions individuelles sont condamnées à tomber immédiatement dans le capharnaüm où gisent tous les mort-nés de l'initiative parlementaire.

Aussi la proposition adoptée par le conseil municipal consistait-elle à engager des négociations avec le ministre de la guerre.

Voici les diverses phases par lesquelles ont passé les négociations.

La commission fut nommée. Elle avait M. Mathé pour président, M. Yves Guyot pour secrétaire. Elle se mit en rapport avec le ministre de la guerre, qui était alors le général Thibaudin.

Celui-ci se déclara personnellement partisan de la suppression du mur d'enceinte et déclara qu'il ferait mettre à l'étude la question.

Le général Campenon remplaça le général Thibaudin. La commission retourna le voir. Aux premiers mots, le général Campenon dit nettement :

— Messieurs, ce n'est pas la suppression partielle, d'une partie plus ou moins étendue de l'enceinte qu'il s'agit de discuter. C'est la suppression complète de l'enceinte qu'il faut examiner. Eh bien! messieurs, je ne vous le dissimule pas, j'en suis partisan pour des raisons militaires, en dehors des questions civiles qui peuvent vous guider.

« Je ne comprends pas, quand dans notre siècle, nous avons vu des sièges de Saragosse, de Sébastopol, de Puebla et de Plewna, qu'on puisse attacher quelque importance à l'enceinte continue. Dans la guerre, qu'est-ce qui étonne ? qu'est-ce qui inquiète ? qu'est-ce qui fait peur ? C'est l'imprévu. La fortification classique, dont tout le monde a les plans, qui se défendra de telle manière, qu'on doit attaquer de telle autre, est rassurante ; la fortification, improvisée, faite en présence de l'ennemi, sur des plans qu'il ne connaît pas, est inquiétante. Il ne sait pas ce qu'elle contient, il ne sait pas ce qu'elle cache.

« Eh bien ! tablons au pis. Supposons que Paris soit encore investi. Au lieu de laisser la population parisienne flâner inutilement derrière ses remparts, ne vaut-il pas mieux la mettre en avant et l'employer à construire utilement ces fortifications à la Totleben ? Les hommes ainsi employés ne perdront pas leur temps, ils prendront dans ces travaux l'habitude du feu.

Non seulement l'enceinte continue est inutile, non seulement elle est nuisible au point de vue moral, comme l'a prouvé le siège de 1870 en faisant remplir au garde national une fonction oiseuse, en le laissant trop près de son domicile ; mais encore elle est déplorable au point de vue matériel. Paris investi est un centre d'approvisionnements : le matériel, les troupes doivent pouvoir aisément en sortir par tous les points. Avec l'enceinte continue, au contraire, vous n'avez que quelques rares passages ; de là, ces encombrements qui empêchent les soldats de sortir ; qui préviennent longtemps d'avance l'ennemi de tous les mouvements que la garnison peut faire.

« Avec les procédés de la guerre actuelle, l'enceinte de Paris est un danger. Elle donne une fausse sécurité. L'assiégé s'endort dans cette sécurité, et s'il évite l'assaut, il arrive sûrement à la capitulation. »

Et le général Campenon conclut de la manière la plus énergique, en engageant sa responsabilité de ministre de la guerre et de soldat à la suppression de l'enceinte continue. Il ajouta encore à un autre point de vue :

— Messieurs les conseillers municipaux, la suppression du mur d'enceinte doit être le point de départ de toute une transformation de la vie militaire de Paris. Je voudrais concentrer aux Invalides les services dispersés à la place

Vendôme. Les casernes à l'intérieur de Paris présentent des inconvénients de toutes sortes : inconvénients hygiéniques, comme l'a prouvé l'épidémie typhoïdique, de la caserne de la place du Château-d'Eau ; inconvénients au point de vue des manœuvres : les soldats perdent leur temps et leurs forces à se rendre à des champs de manœuvres trop éloignés. Vous reprendrez les casernes, dont le sol de quelques-unes vous appartient ; et moi je ferai des casernes en dehors, avec des champs de manœuvres à proximité. Combien vaut le mur d'enceinte ?

— Dans le tableau des évaluations de l'Etat, répondit un membre de la commission, il est évalué à 83 millions : 68,650,000 fr. pour la rive droite ; 14,224,000 pour la rive gauche.

Le général Campenon ne voulut pas manifester tout haut son enthousiasme ; mais la somme dépassait ses espérances. Les forts les plus formidables coûtent une quinzaine de millions, et c'est déjà un beau chiffre.

Voilà où en était la question après deux entrevues avec le général Campenon. A la fin de la seconde, il dit :

— Apportez-moi votre projet étudié et moi, de mon côté, je vais faire étudier la question au point de vue des travaux à faire pour rendre encore plus formidable la défense extérieure de Paris, telle qu'on l'a entendue après 1870.

M. Alphand confia ce travail à M. Bartet. M. Bartet, avec une rapidité remarquable, établit un projet complet. Chaque banc, chaque arbre, chaque bec de gaz est à sa place.

La désaffectation de l'enceinte serait votée demain, qu'après-demain M. Bartet pourrait commencer les travaux. Le ministre des finances réclama alors l'estimation de l'enceinte continue, comme attribution du Domaine. Mais tandis que dans le tableau des propriétés de l'Etat, en 1878, l'enceinte continue ne valait que 83 millions, quand il s'agit de la céder à la Ville, elle fut portée au prix de 212 millions. Cette évaluation contenait plusieurs erreurs flagrantes. Je n'en signale qu'une : elle oubliait que la jouissance de la rue militaire avait été concédée à la Ville par la convention du 28 juillet 1859.

M. Mathé, président de la commission des fortifications, demanda des renseignements, communication des pièces à l'aide desquelles cette estimation avait été faite de manière à pouvoir avoir une base de discussion.

M. Tirard refusa.

La question en était là, quand M. Lewal devint ministre de la guerre au mois de février 1885. Après une nouvelle démarche de la commission du conseil municipal, il invita le comité de défense à délibérer. Le comité se réunit, et, « sans étudier la question », — ce fut le général Lewal qui le dit en propres termes à la commission du conseil municipal, — repoussa toute désaffectation de l'enceinte.

Nous ignorons comment le général Lewal avait posé la question au comité de défense : il est évident que s'il lui a dit simplement :

— Voulez-vous la suppression du mur d'enceinte?

Le comité de défense avait toutes sortes de bonnes raisons pour lui répondre.

— Il existe, je le garde.

Mais si on dit au comité de défense : « je vous apporte de l'argent. que voulez-vous en faire ? » il est non moins évident que le comité de défense ne dira pas : — je refuse l'argent et je garde le mur d'enceinte, car s'il n'existait pas, il ne s'aviserait pas de le construire !

Au général Lewal succéda, de nouveau, M. Campenon ; mais ce n'était pas à la fin d'une législature que la question pouvait être soulevée de nouveau. Lorsque le ministère Freycinet fut constitué, M. le général Boulanger, ayant été nommé ministre de la guerre et ayant prouvé qu'il était un homme d'initiative, M. Mathé, comme ancien président de la Commission et moi, comme auteur de la proposition initiale, nous fîmes une démarche officieuse auprès de lui, afin de savoir si le Conseil municipal pouvait reprendre les négociations avec quelque chance de succès. Sur la réponse affirmative du général Boulanger, la Commission du Conseil municipal que les élections législatives avaient éclaircie, fut complétée au mois de mars. Elle se compose actuellement de M. Rousselle, président et de MM. Cattiaux, Cernesson, Mesureur, Guichard, Mayer, Simonneau. Elle se mit immédiatement en rapport avec le ministre de la guerre qui lui communiqua un avant-projet dont l'analyse a paru dans *la France Militaire* et dans divers journaux.

La voici :

« Le service du génie militaire, ayant été chargé par le ministre de la guerre d'examiner, en vue d'une convention avec la municipalité parisienne, le déplacement partiel de l'enceinte actuelle de Paris, a présenté le projet suivant qui sera sans doute accepté par la Ville.

« On commencerait par démolir la partie des fortifications comprises sur la rive droite entre le Point-du-Jour et la crête de Romainville.

« Le prix des terrains servira à construire une nouvelle enceinte de sûreté s'appuyant, dans la presqu'île de Gennevilliers, au fort du Mont-Valérien et à la Double-Couronne du Nord, puis, dans la plaine de Saint-Denis, aux forts et aux canaux.

« Ce crédit permettra, en outre, de compléter et d'améliorer le système des forts extérieurs afin d'établir, au point de vue défensif, une sorte d'équivalence entre la force de résistance actuelle et celle des nouvelles fortifications.

« La ville de Paris conserverait la limite actuelle de l'octroi. L'enceinte bastionnée serait remplacée simplement par un saut-de-loup entre deux larges boulevards. Une partie du terrain de la fortification serait bâtie.

« La durée d'exécution de ces travaux sera d'environ trois années.

« En les commençant sans trop de retard, ils pourraient être achevés pour l'ouverture de l'Expostion de 1889. »

Voilà donc la question en bonne voie. Nous savons que le général Boulanger est un homme qui veut aboutir. De ce côté, il n'y aura donc nulle difficulté.

Mais peut-être en trouvera-t-on davantage du côté du Domaine. Comment pourrait-il maintenir son prix de 212 millions, alors que, d'après sa propre évaluation le mur d'enceinte ne valait en 1878 que 82 millions ? Si ce dernier chiffre était faux, alors il avoue la légèreté avec laquelle il a obéi à la loi sur l'évaluation des propriétés de l'Etat ! Cette contradiction inexplicable pourrait engager gravement la responsabilité de l'administration du Domaine.

D'après le projet de MM. Alphand et Bartet, un grand boulevard de 74 mètres de largeur doit entourer Paris d'une ceinture d'air. La ville contribue à ce boulevard avec les 16 mètres de la rue militaire, plus 24 mètres qu'elle acquiert à ses frais sur les propriétés riveraines conformément à un décret du 9 septembre 1861 fixant les alignements de la rue militaire et déclarant l'utilité publique de l'opération. Reste donc à prendre sur les terrains militaires une zone de 34 mètres. L'abandon de cette zone devrait être la part de concours de l'Etat à cette grande opération.

A son point de vue spécial l'administration du Domaine a intérêt à ce que l'opération se fasse : car cette opération donnerait lieu à des transactions multiples, fort avantageuses pour l'Enregistrement.

Enfin, c'est là une question générale, et tout le gouvernement devra prendre à tâche de seconder le ministère de la guerre. Au point de vue de la sécurité de Paris, il vaut mieux qu'on substitue des ouvrages avancés à des ouvrages inutiles. Au point de vue de la vie normale, de la vie de tous les jours, ce sera une satisfaction considérable donnée aux besoins de la population de Paris et des communes suburbaines. Je n'examine pas, pour le moment, les autres questions qui peuvent se lier à cette opération.

Il ne s'agit d'obtenir aujourd'hui qu'une chose : c'est, le plus tôt possible, le premier coup de pioche dans l'enceinte continue. Le reste du travail se fera par échelons.

La proposition n'était donc pas un simple pétard ; il ne s'est pas évanoui en fumée, comme l'avaient prédit les gens avisés et disposés à prendre toutes les taupinières pour des montagnes. Deux ministres de la guerre, successivement, ont pris nettement parti contre l'enceinte continue. La brèche est faite. Actuellement, pour qu'elle s'ouvre toute grande, il ne faut qu'un mouvement d'opinion publique qui force le ministère des finances de dépouiller son rôle d'Harpagon à l'égard de Paris.

Ce n'est pas la question de patriotisme, de sécurité nationale qui est engagée ; le patriotisme et la sécurité nationale sont en harmonie avec les besoins de la paix : chose rare et d'autant plus notable. Il ne reste plus qu'une question de marchandage, une question de gros sous entre la Ville et l'Etat. La question étant réduite à ces proportions, nous devons dire : l'accord est fait !

Bientôt des maisons surgiront sur ce désert, qui semble fait exprès pour favoriser les exploits des Touaregs des villes ; un boulevard vivant remplacera ces murs à aspect sinistre ; Paris, si avide d'expansion, cessera d'étouffer dans son corset de pierre, à la place de Paris fermé, nous aurons Paris ouvert !

TABLE DES MATIÈRES

PARIS. — IMPRIMERIE MAYER ET Cᵉ, 18, RUE RICHER. — 2960

LIGUE PERMANENTE

POUR LA DÉFENSE DES INTÉRÊTS DES CONTRIBUABLES ET DES CONSOMMATEURS

PUBLICATIONS

MENIER. — **Théorie et application de l'impôt sur le capital.** 3ᵉ édition. Un vol. in-18. Prix.................... 1 fr. 50

— **L'Avenir économique.** 2ᵉ édition. 1880. Deux vol. in-18. Prix de chaque volume................................ 1 fr. 50

— **Consommateurs et Contribuables.** Brochure in-8°... » 25

COURCELLE-SENEUIL. — **Libre échange et protection.** 1879. Brochure in-8°.............................. » 25

CAMILLE F. DREYFUS. — **Les traités de commerce.** Brochure in-8°.. » 25

P. C. DUBOST. — **Le spectre américain**, Conférences faites à la *Ligue*. Brochure in-12...................... » 25

F. DESNARD. — **Les Droits sur les pétroles.** Pétition au Sénat. Brochure in-12.......................... » 15

E. de CARPENTIER. — **Plantation des terrains crayeux et des marais.** Brochure in-12.............. » 25

YVES GUYOT. — **Le Travail et les Traités de commerce**, conférence avec graphiques. 1879. Brochure in-8° » 25

— **La Science économique.** Un vol. in-12 (de la *Bibliothèque des sciences contemporaines*), avec 57 graphiques. 1881. Prix, cartonné............................... 5 fr. »

— **La Suppression des Octrois et le Conseil municipal de Paris.** 1880. Brochure in-18................ » 25

— **Dialogue entre John Bull et Georges Dandin sur le traité de commerce franco-anglais.** 1881. Brochure in-12.. » 25

— **Cherté et bon marché.** Discours au conseil général de la Seine. 1884. Brochure in-8°............... » 25

— **Adresse de la Ligue aux électeurs départementaux.** Juillet 1883. In-4°.......................... » 15

— **La Suppression des Octrois et la politique expérimentale.** 1886. Brochure in-12 avec graphiques.......... » 50

PARIS. — IMPRIMERIE MAYER ET Cⁱᵉ, 18, RUE RICHER.